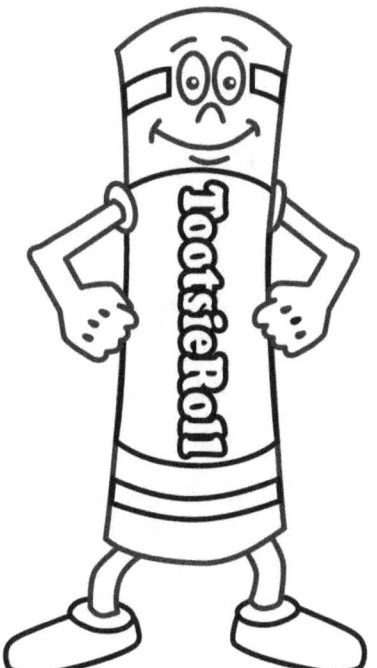

TootsieRoll®

24 PAGE COLORING BOOK

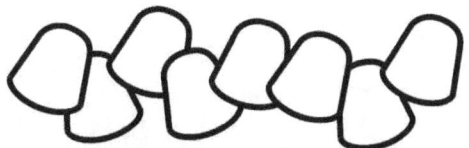

A Really Sweet Coloring Book

©2016 Tootsie Roll Industries, LLC

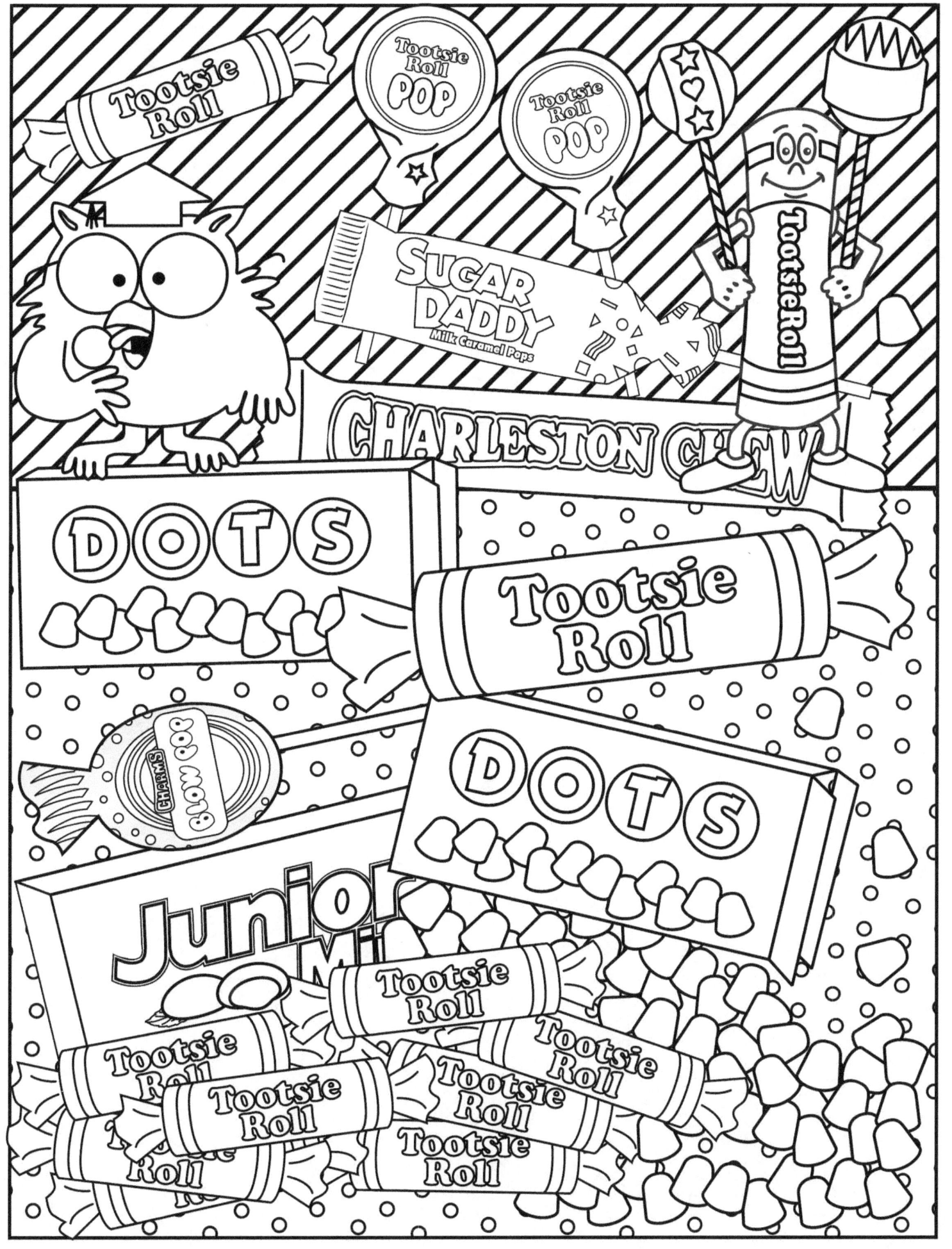

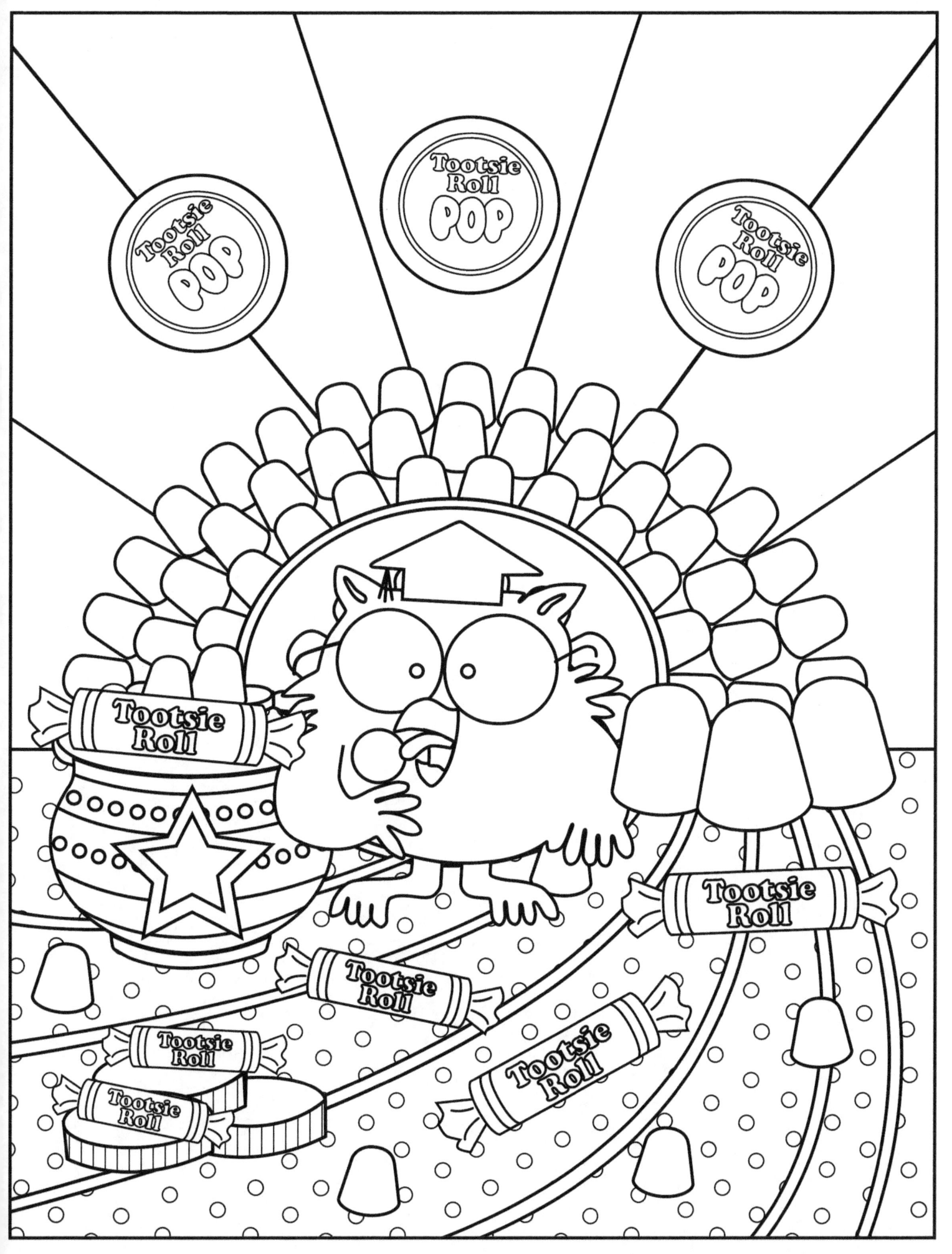

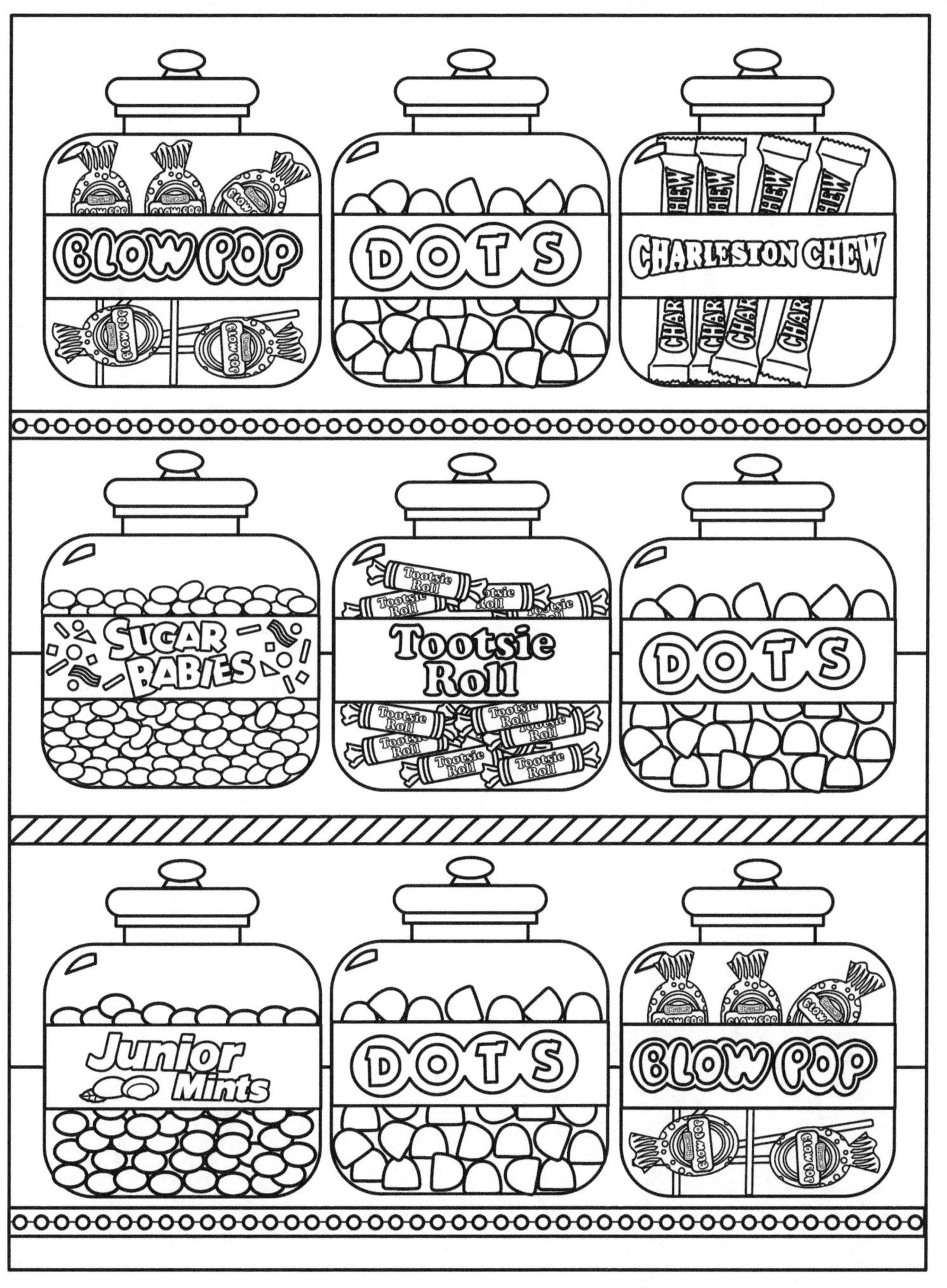

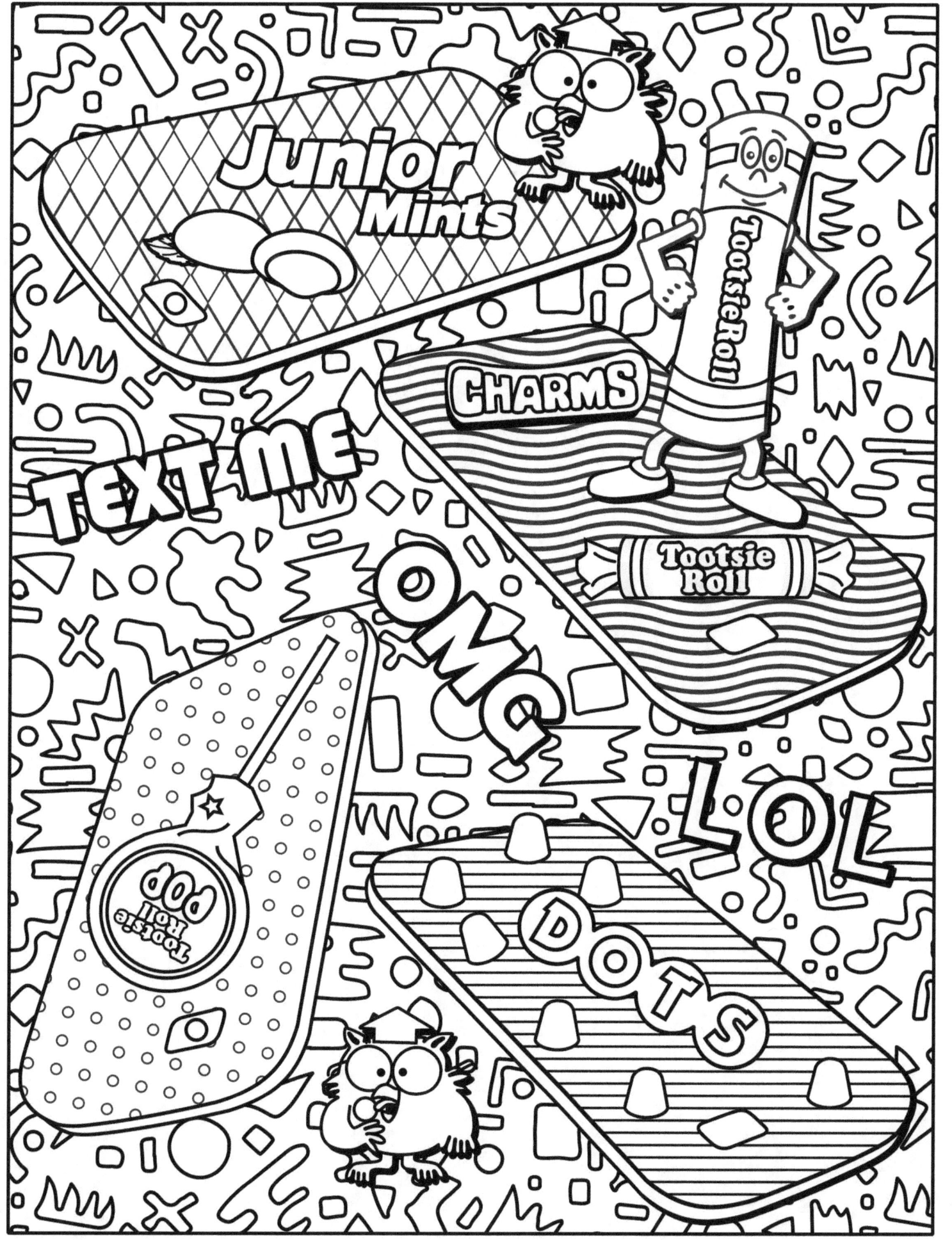

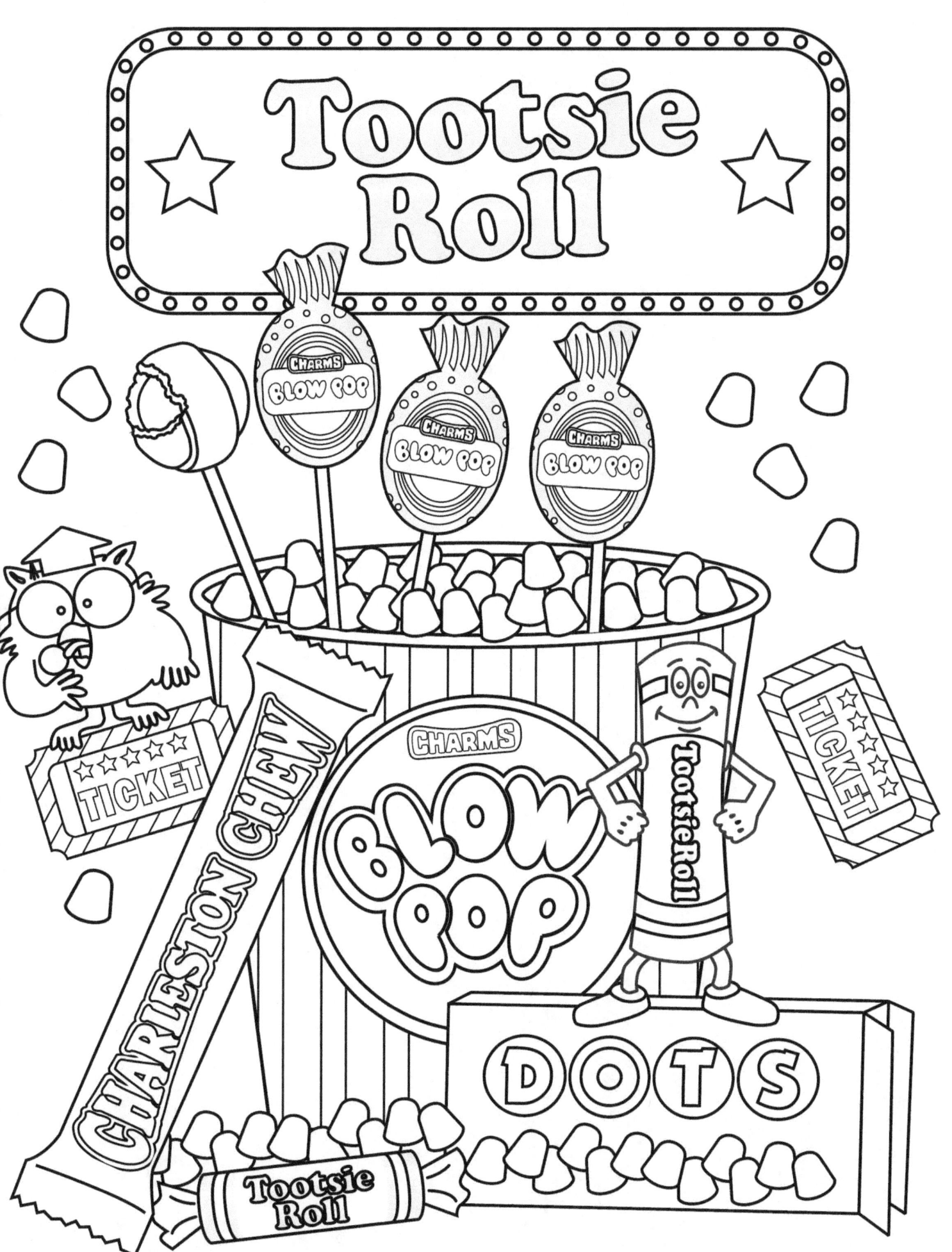

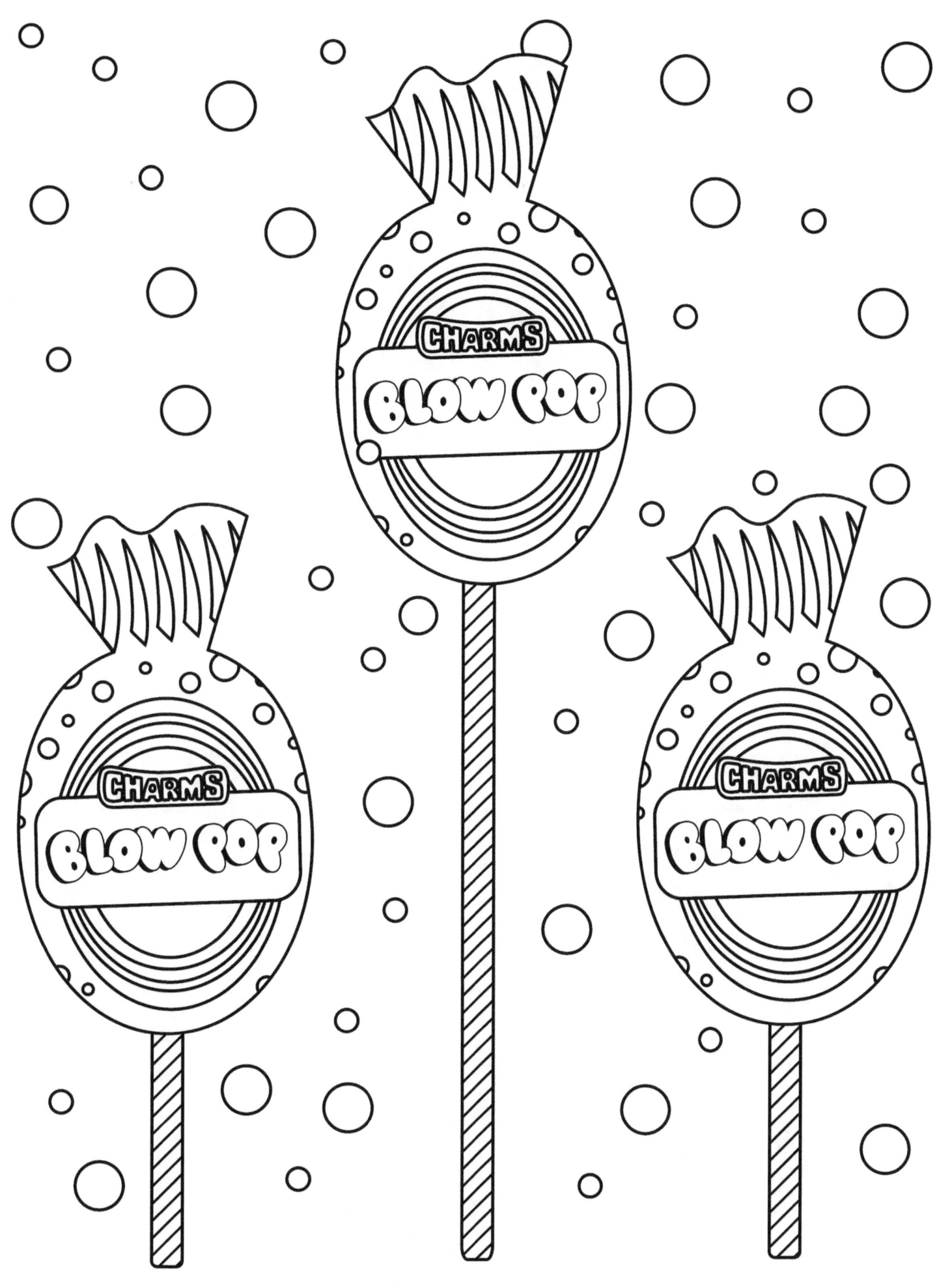

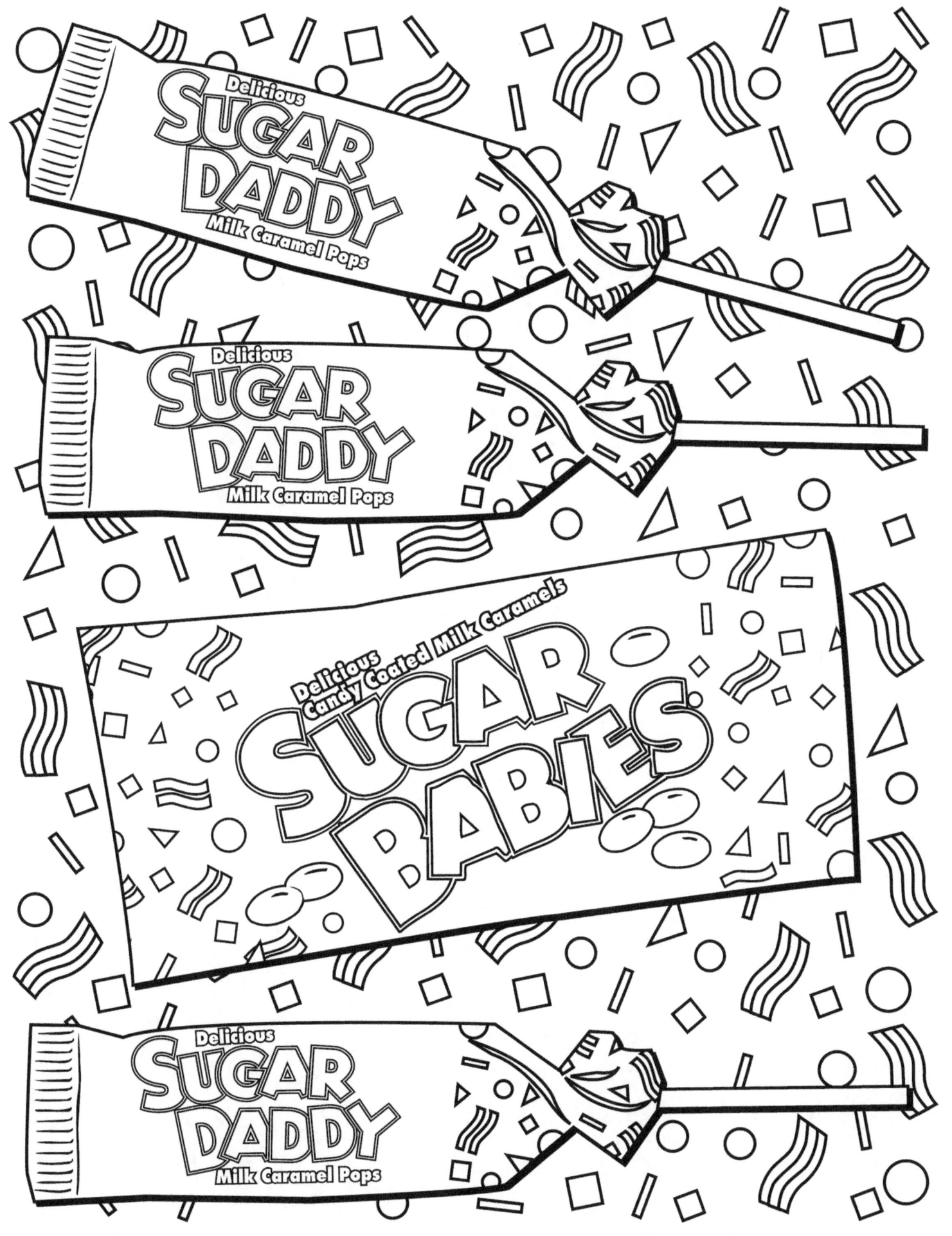

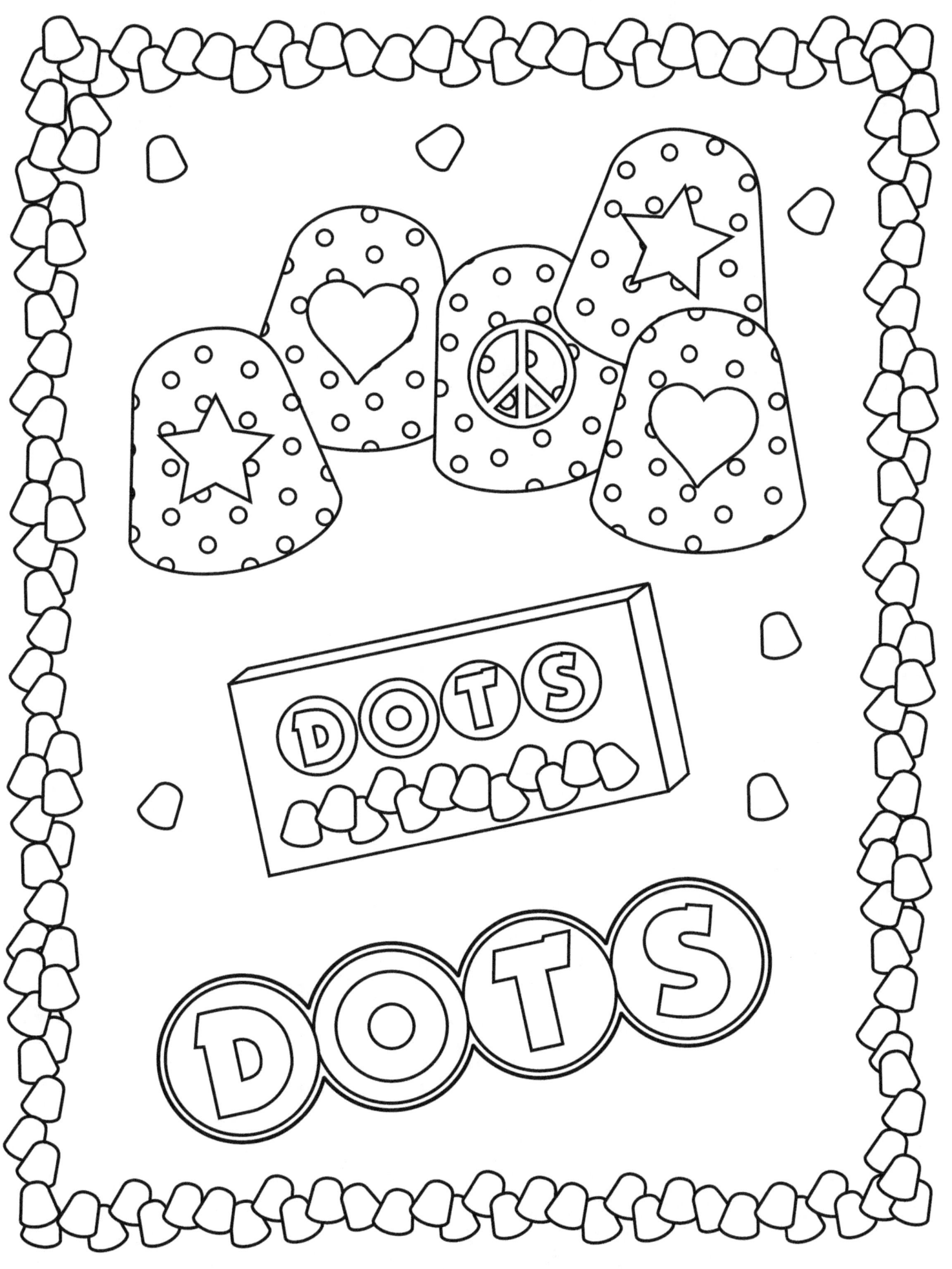

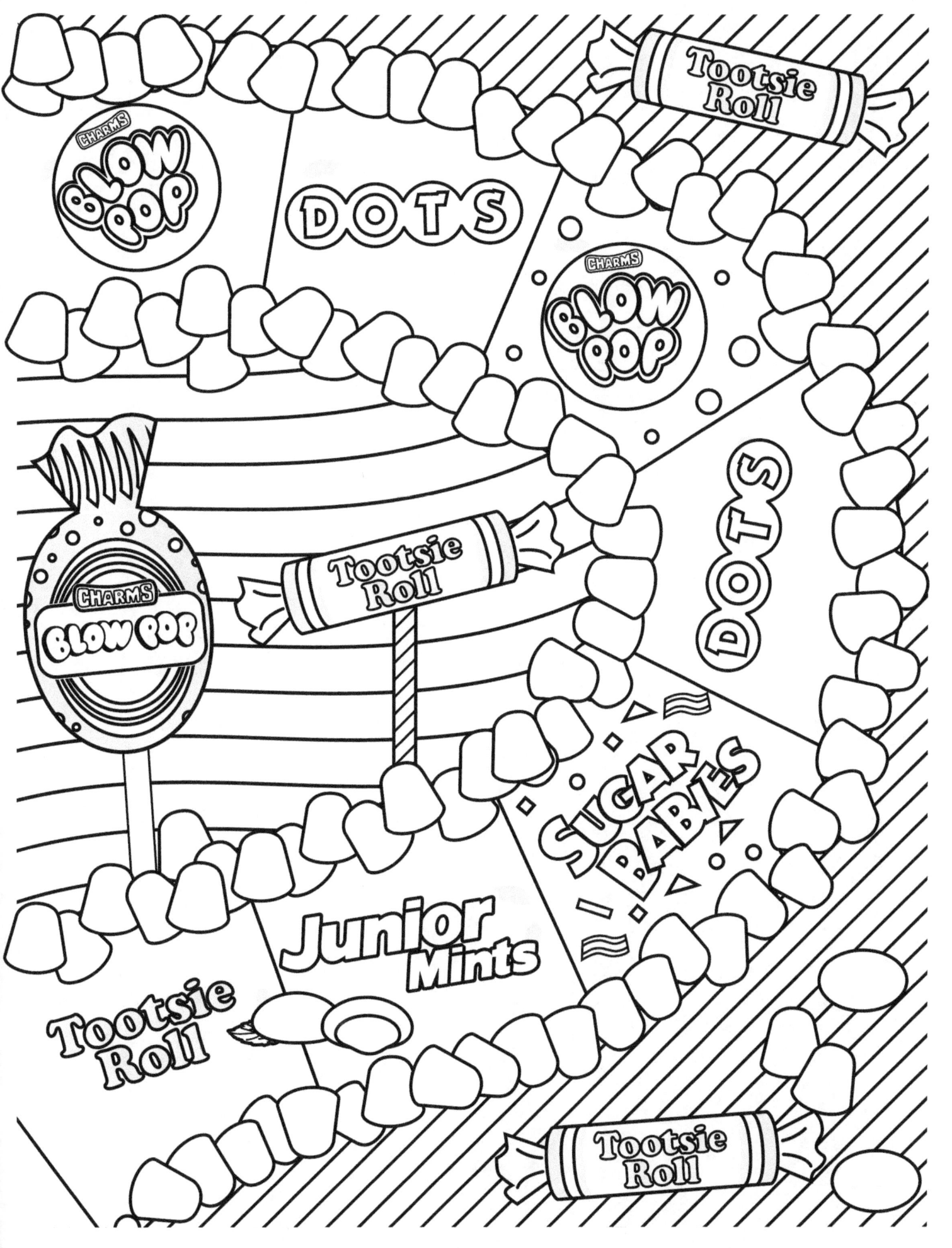

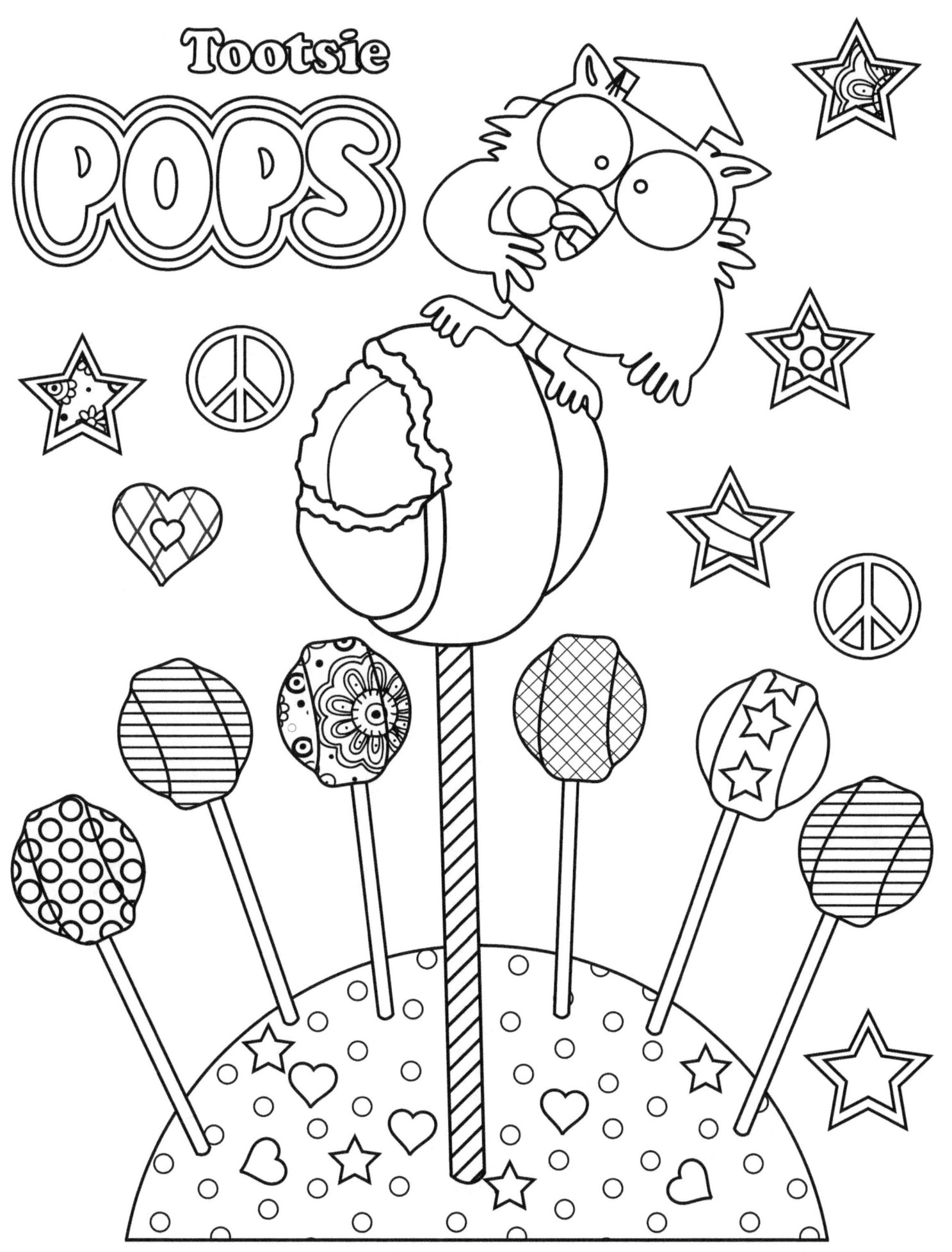

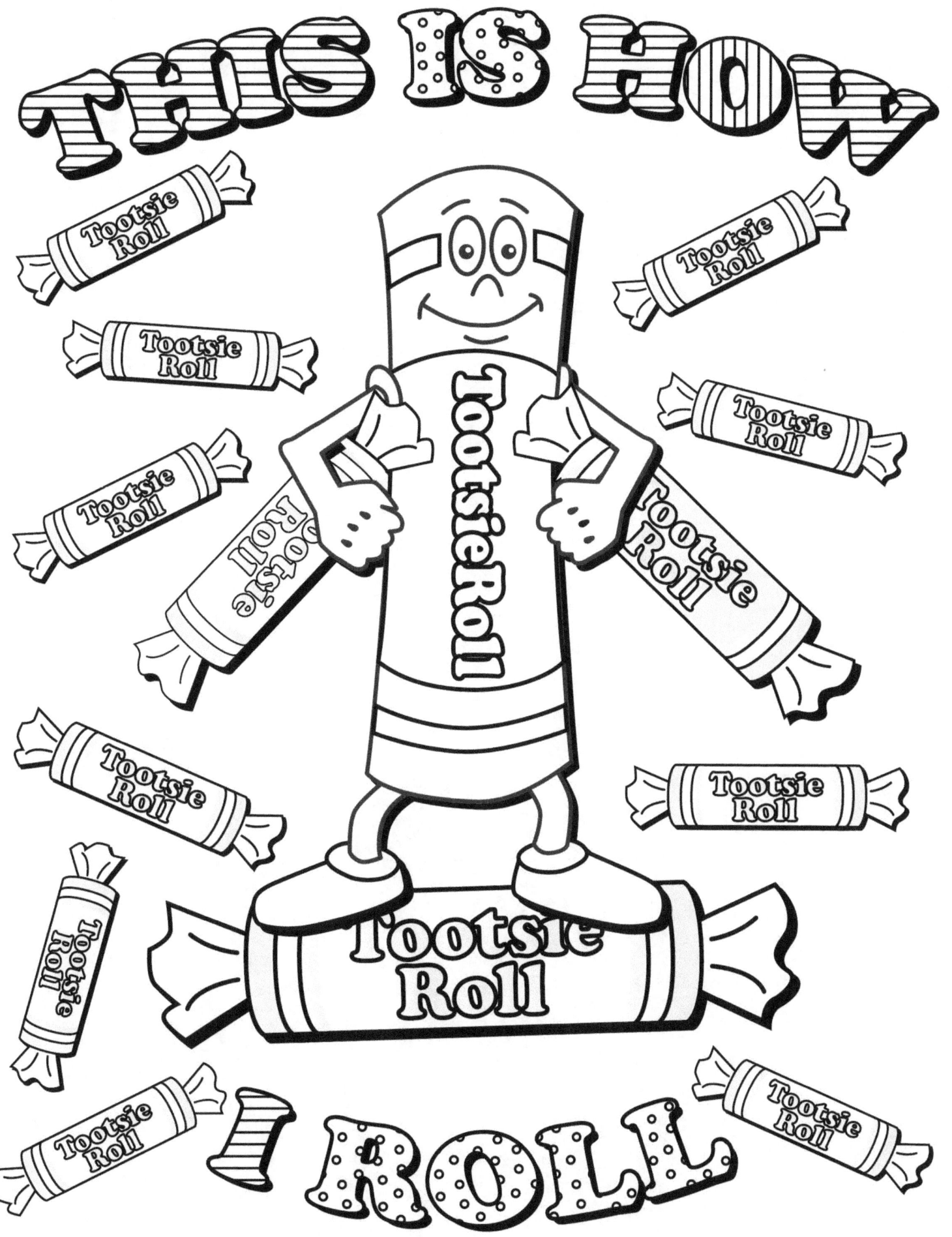

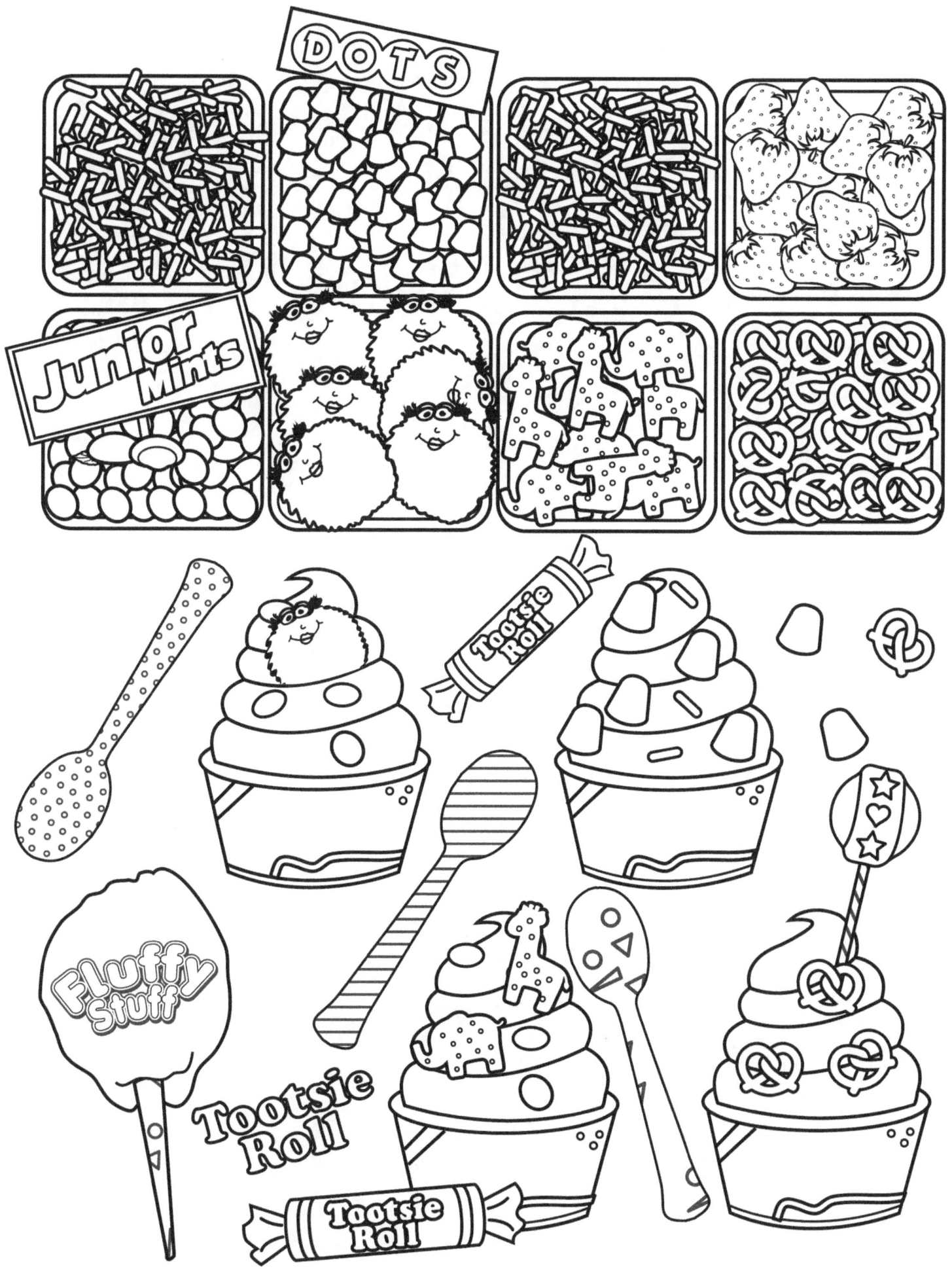

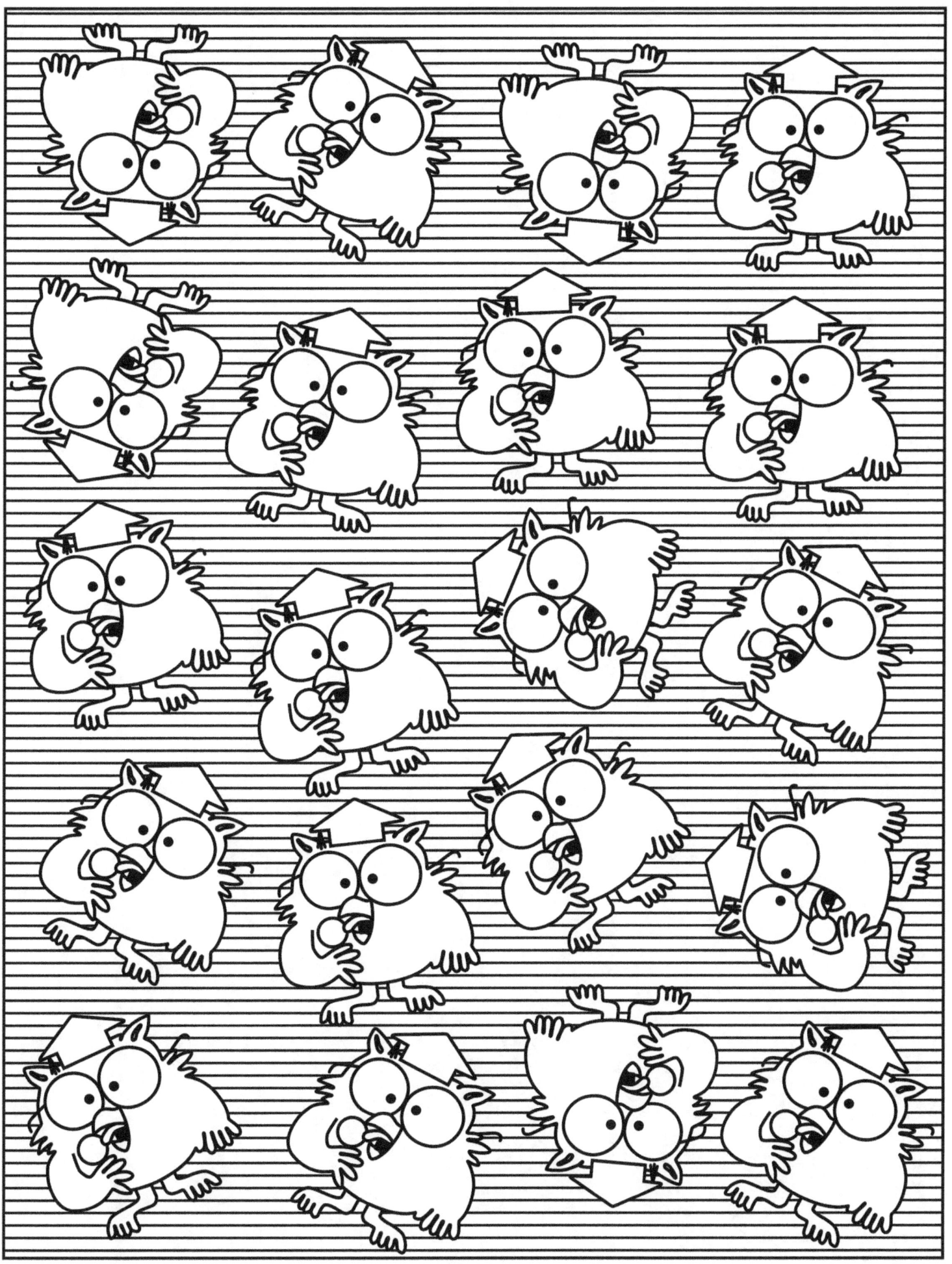

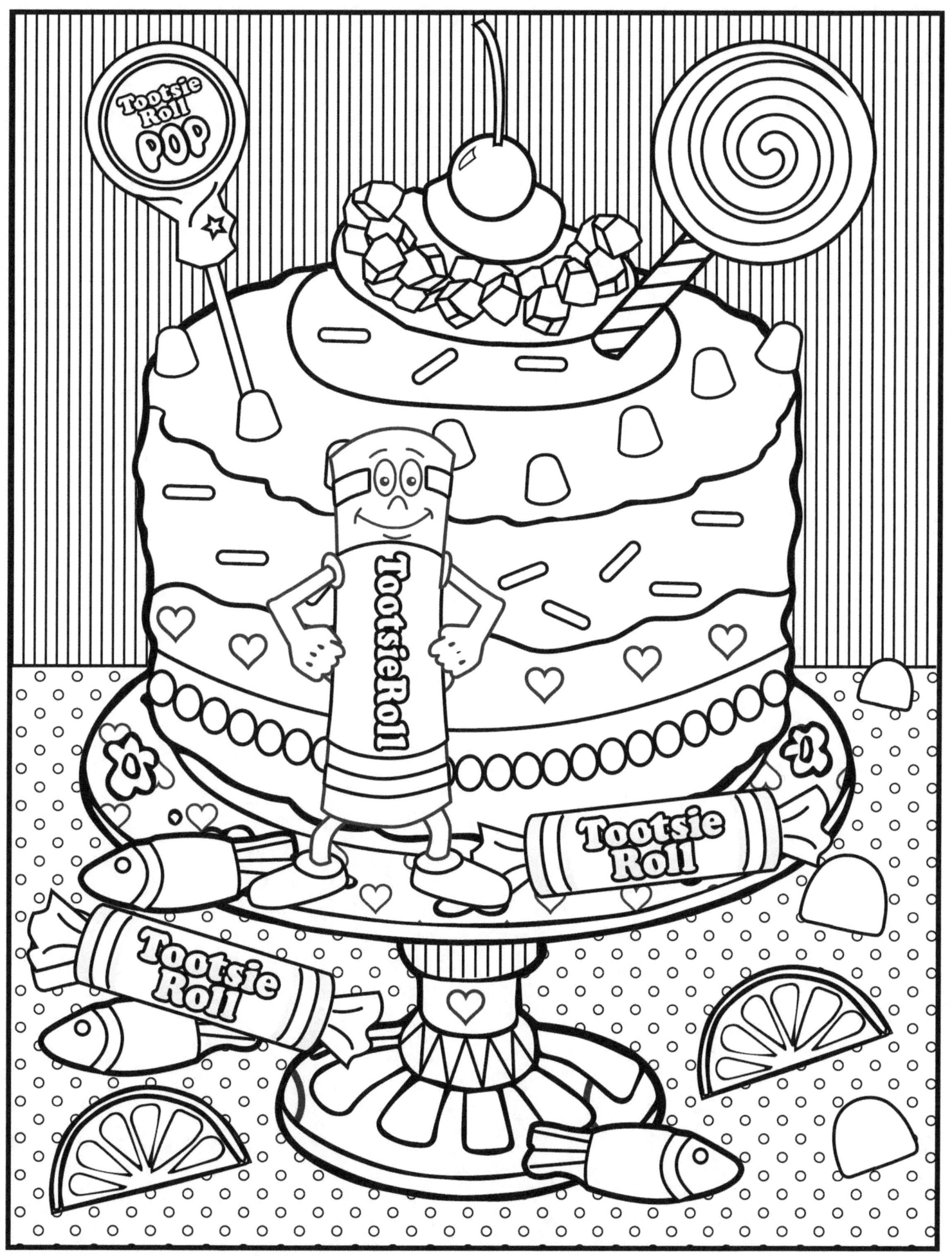

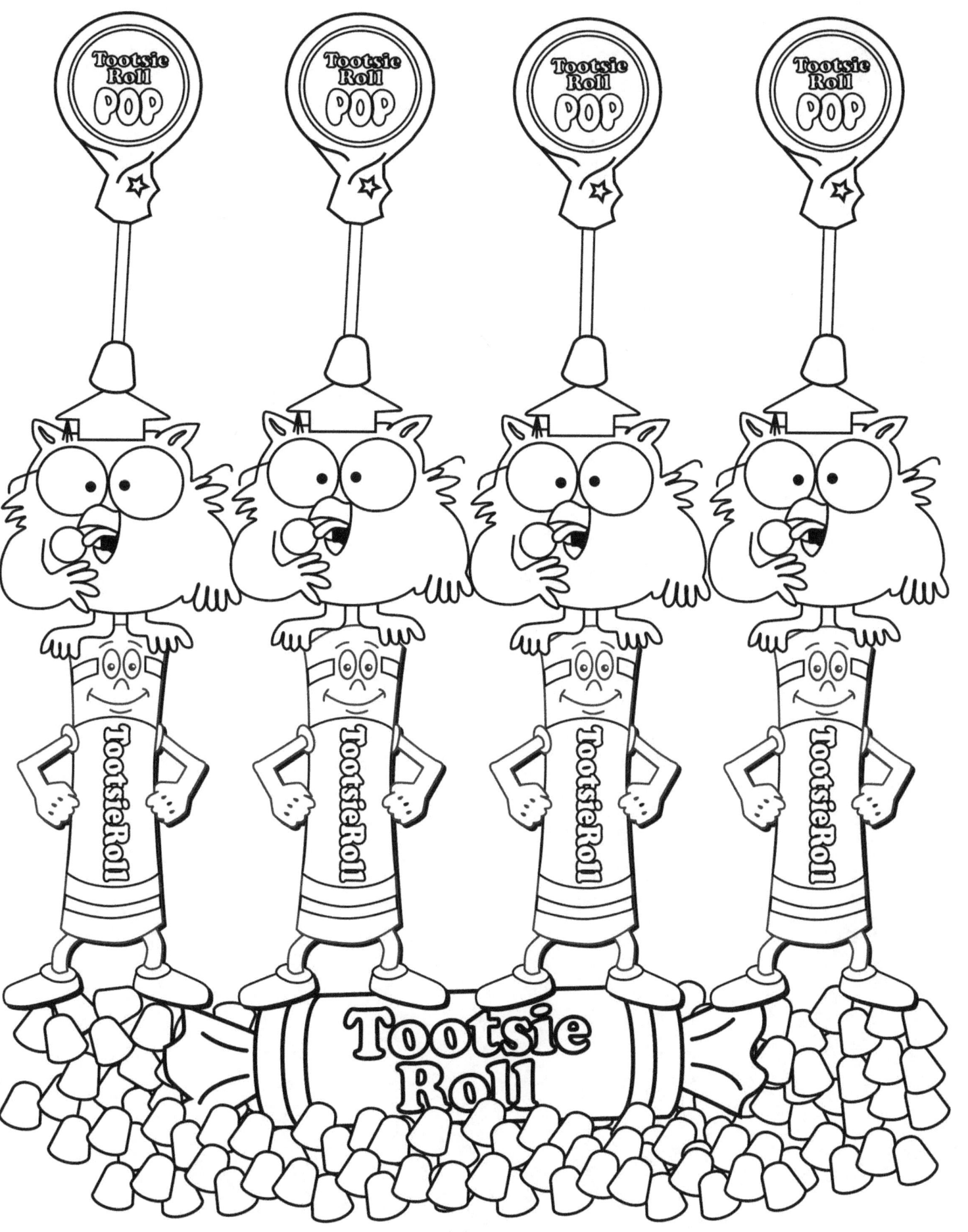

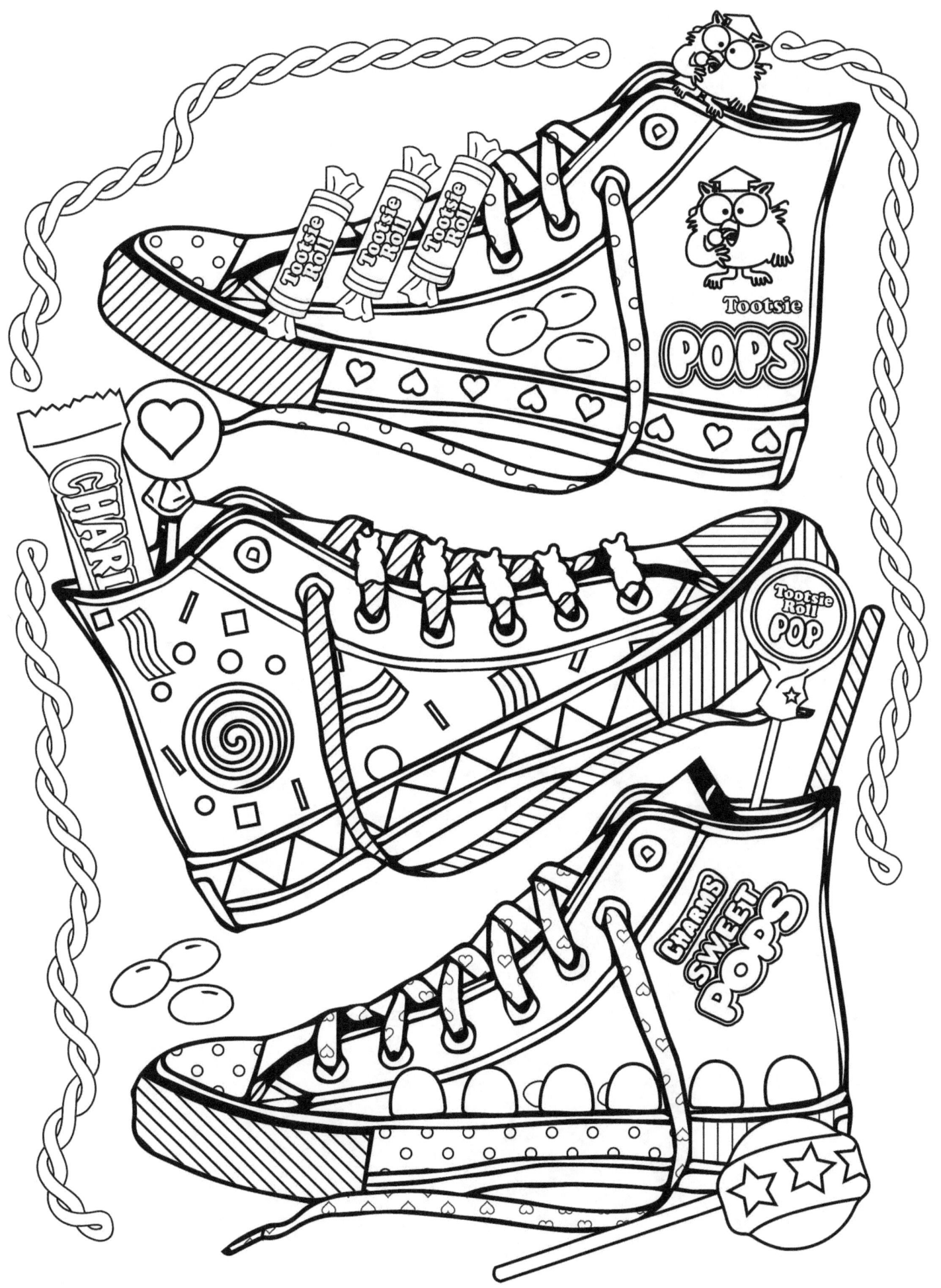

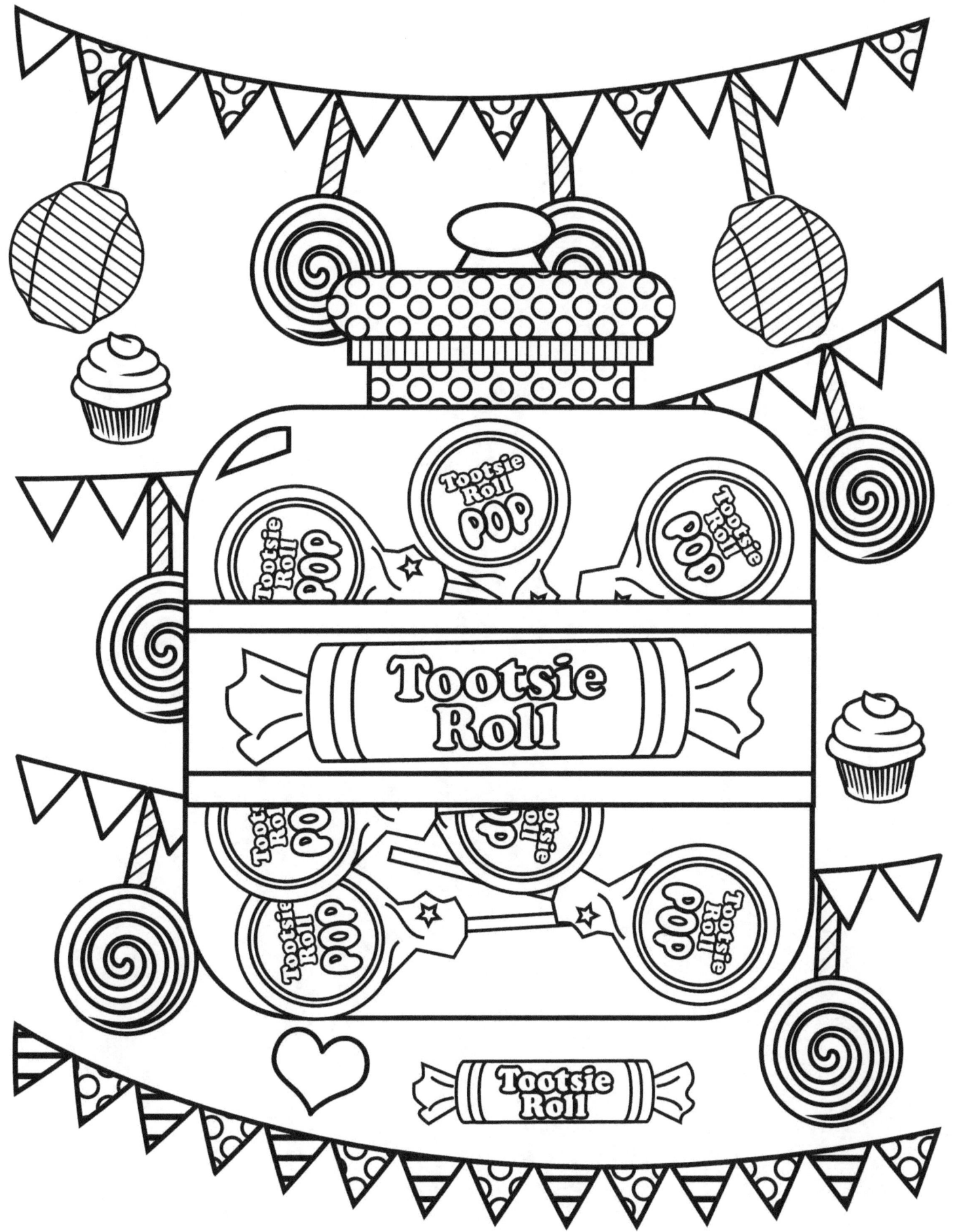

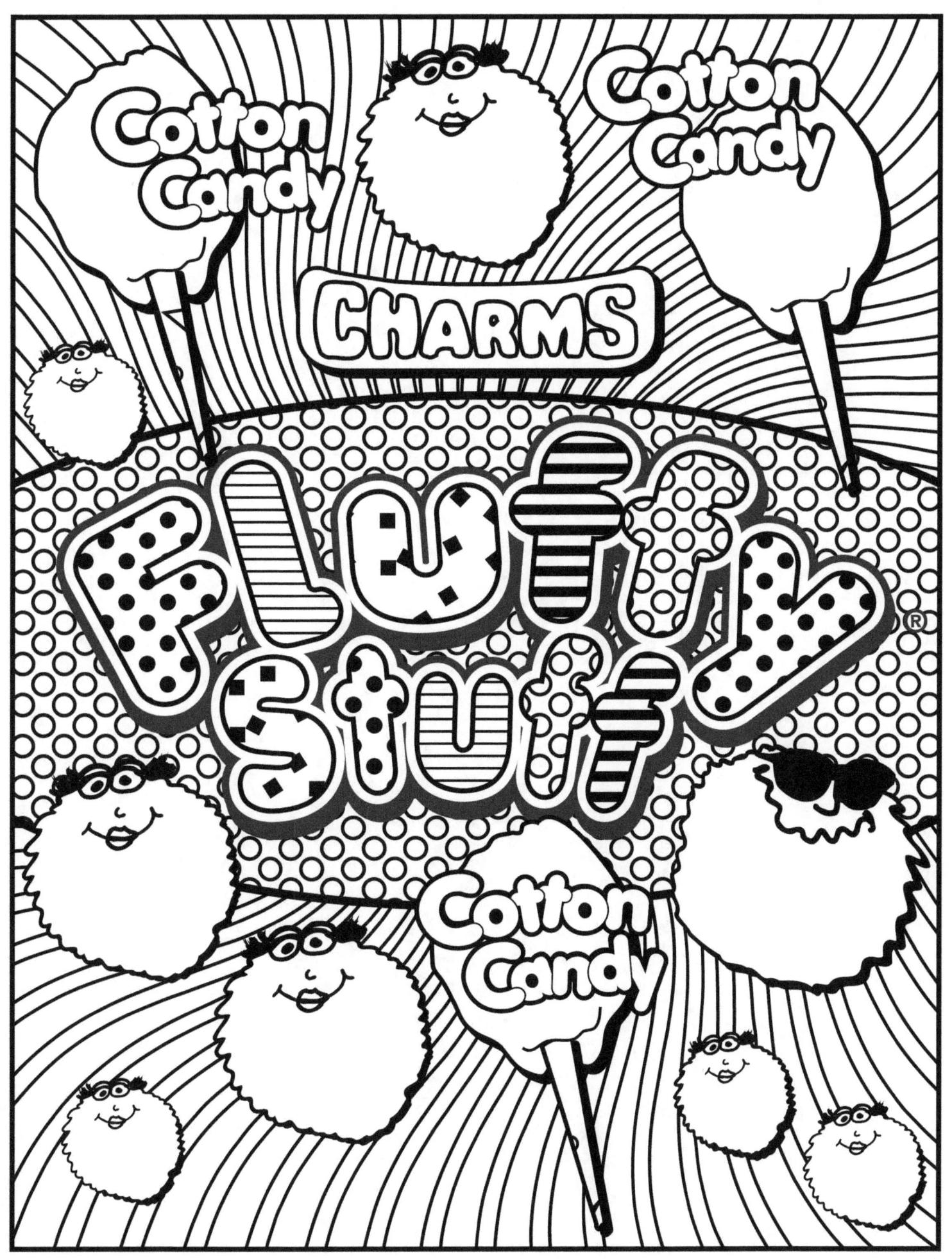

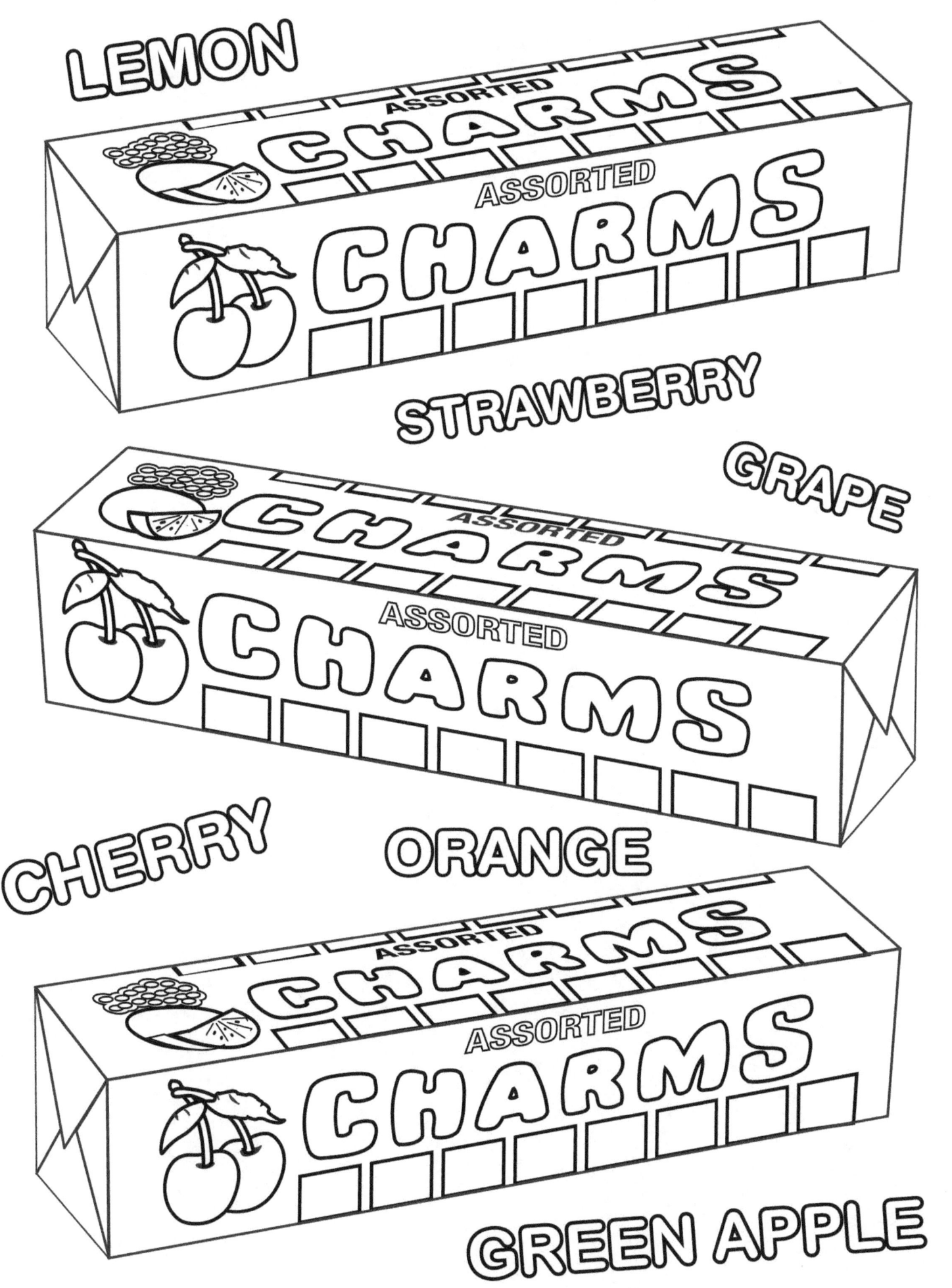

LEMON

ASSORTED
CHARMS

ASSORTED
CHARMS

STRAWBERRY

GRAPE

ASSORTED
CHARMS

ASSORTED
CHARMS

CHERRY

ORANGE

ASSORTED
CHARMS

ASSORTED
CHARMS

GREEN APPLE

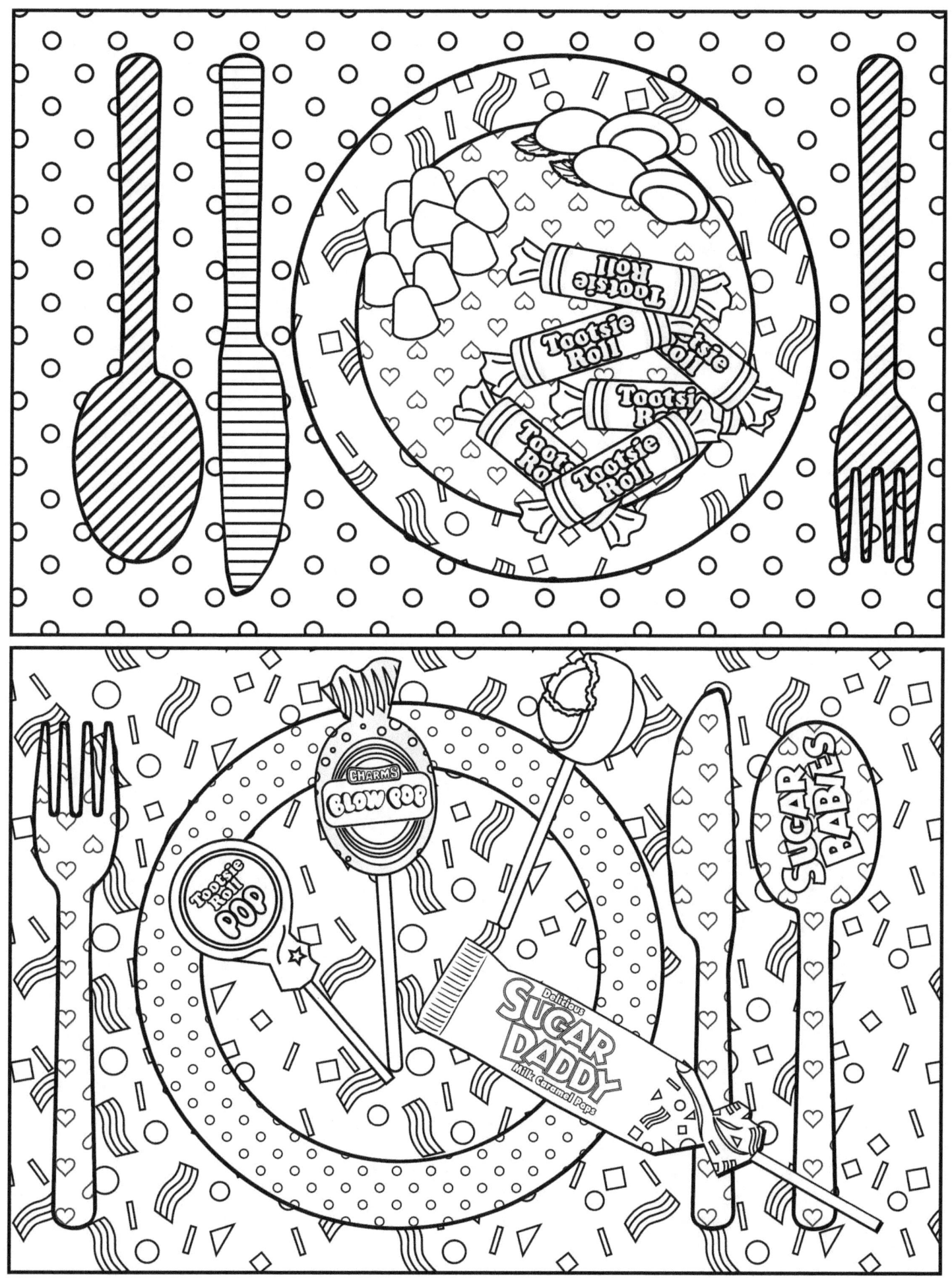

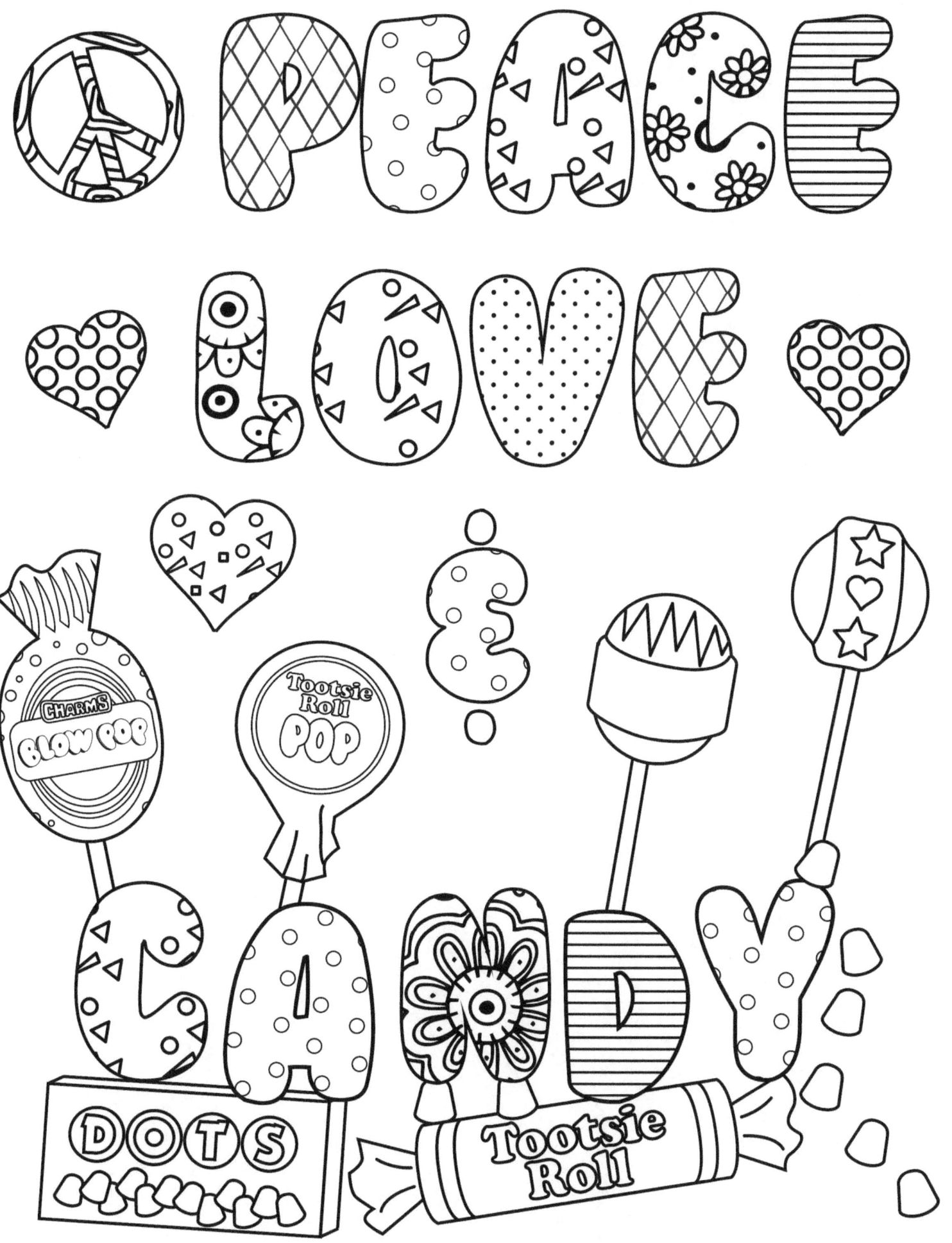

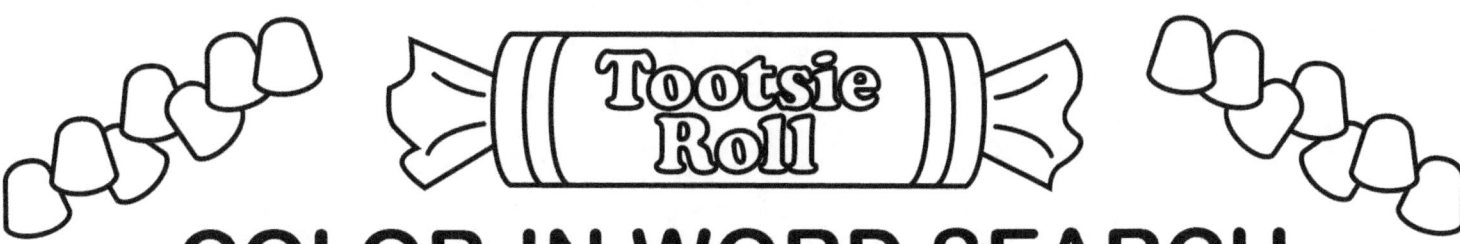

COLOR-IN WORD SEARCH

Color in the words as you find them!

```
C F L S E L Z Z A R E @ K P P
H B R P O P W O L B D N S U W
A H X S P O P I L L O L L L I
R S G F F U T S Y F F U L F C
L U L S P I N U V I T J O J Y
E G M W H U H R C X G E R Z K
S A U E Z P S C V O @ G E C W
T R Z H P X E F X W Y F I W U
O B S C V X D C L D V L S I S
N A S T D L N A N O J I T I L
C B E I O P A A T D M C O H O
H I B U Z D C K N T O K O C S
E E H R B G G X P D B S T A G
W S X F T O O T S I E P O P B
L J U N I O R M I N T S U M W
```

TOOTSIE ROLLS	CANDY	TOOTSIE POP	RAZZLES
BLOW POP	SWEET	FRUIT CHEWS	FLUFFY STUFF
CHARLESTON CHEW	LICKS	JUNIOR MINTS	SUGAR BABIES
DOTS	LOLLIPOPS	ANDES	

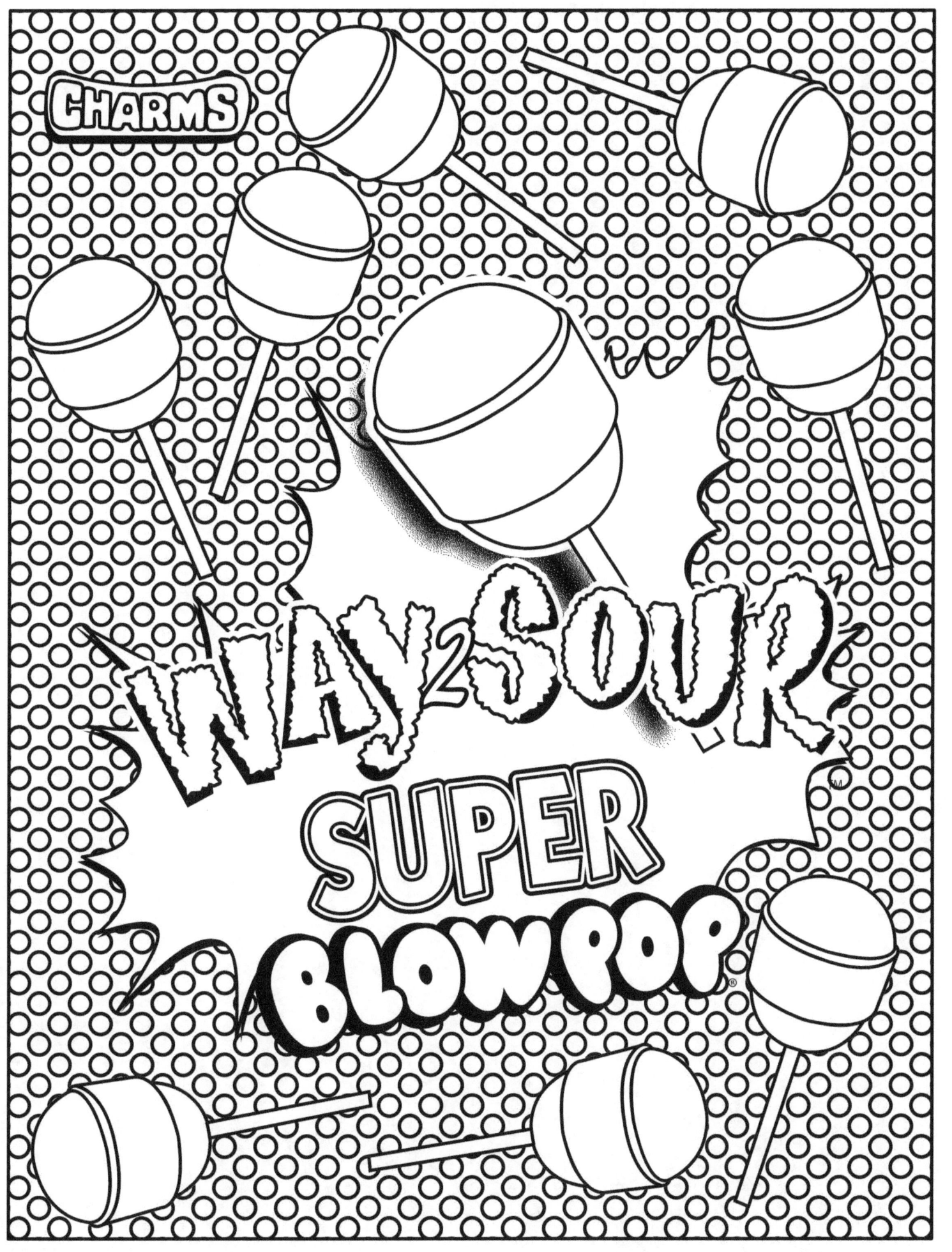

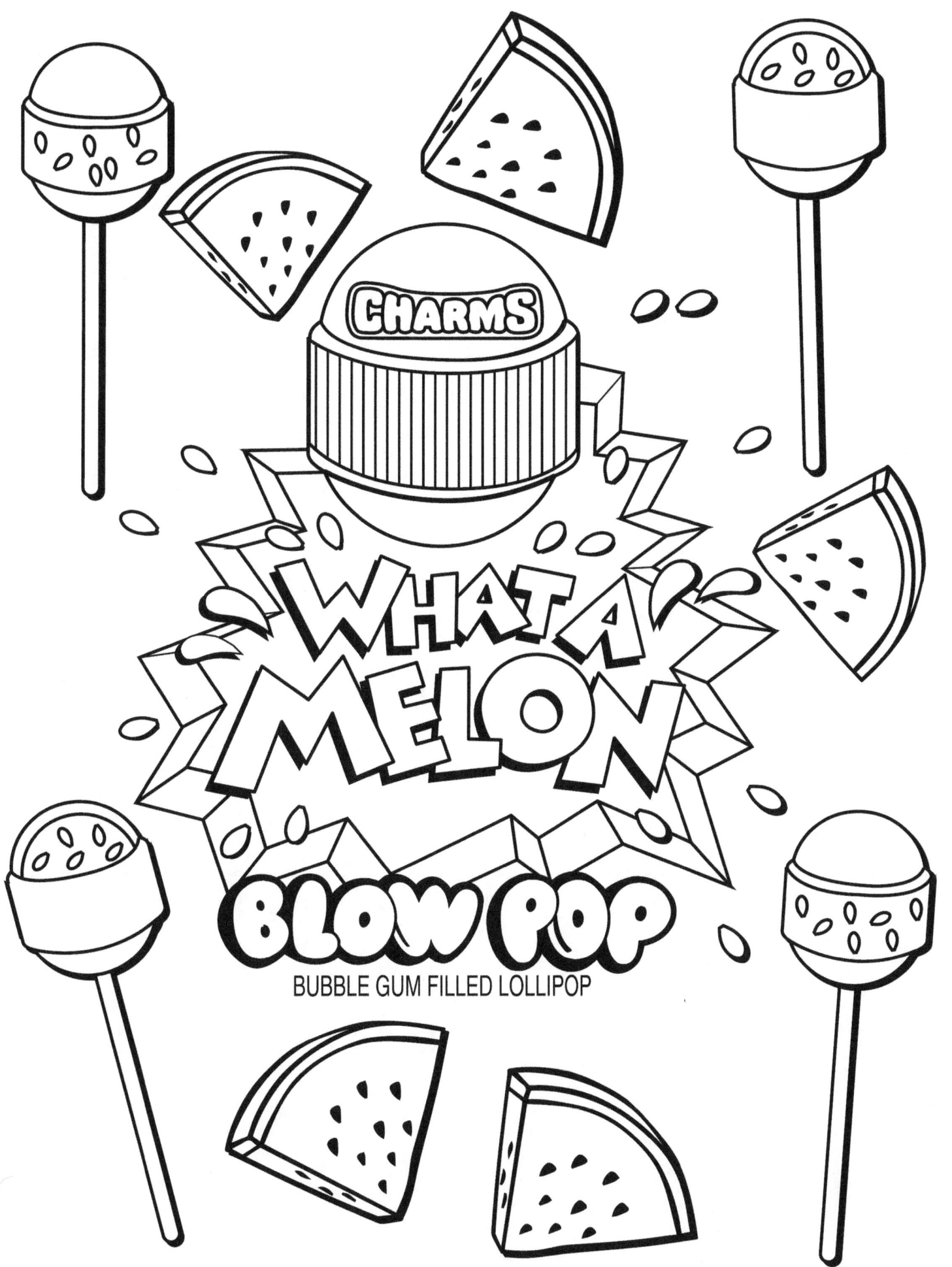

www.ingramcontent.com/pod-product-compliance
Lightning Source LLC
Chambersburg PA
CBHW080608190526
45169CB00007B/2925